Else Diehl

Ein Strauß voller Dankbarkeit

Danke-Geschichten, die das Leben schrieb

Im Gedenken an liebe Weggefährten auf meinem Lebensweg und mit Dank an den Bibellesebund, besonders an Monika Büchel, die dafür sorgte, dass die Beiträge zu einem Strauß voller Dankbarkeit wurden.

Lektorat: Monika Büchel
Umschlaggestaltung und Innenlayout: Gisela Auth
Umschlagfoto: Anna Khomulo – Fotolia.com
Satz: www.breklumer-print-service.com
Druck: FINIDR s.r.o., Tschechien

ISBN 978-3-95568-141-8
Best.-Nr. 71433

www.bibellesebund.net

Inhalt

Liebe Leserin, lieber Leser 5
Die Ereignisse in zeitlicher Reihenfolge 6

Gute Erfahrungen zum Danken 7
Geliebt 8
Gefordert – gefördert 9
Geführt 11
Getröstet 14
Getragen und gehalten 16
Gesegnet 17

Dunkle Tage 18
Kriegszeit – der Beginn 19
Trost trotz Tränen 20
Kriegszeit – das Ende 21

Erlebnisse in der Nachkriegszeit 22
Einschränkungen und Währungsreform 23
Schulausflug mit Erbsensuppe 24

Erfreuliche Begegnungen 26
Zwei besondere Abende 27
Unvergessene Mitarbeiter 29

Sommer an der Nordsee 30
Offene Türen 31
Ermutigung oder Ärger? 33
Dankbare Kinder und Eltern 36

Freizeit-Erlebnisse 39
Bange Augenblicke und Gottes Hilfe 40

Mauerfall – neue Möglichkeiten 42
Start in den neuen Bundesländern 43
Reaktionen von Groß und Klein 45
Ermutigende Überraschungen 47

Dank für Hilfe unterwegs 48
Zwischenfälle auf der Straße 49

Rückblick beim Älterwerden 51
Im Ruhestand 52

Dankbarkeit praktisch 54
Meine persönliche „Tagesschau“ 55
Im grauen Alltag 57
Freudenkasse – Dankekasse 58

Trost in Traurigkeit 60
Aus Bedrückung zum Danken 61
Vom Erinnern zum Danken 62

Liebe Leserin, lieber Leser,

ich gehöre zu denen, die im sogenannten Ruhestand leben. Nach über 40 Jahren im Dienst genieße ich ihn sogar dankbar. Den Tagesablauf kann ich selbst gestalten und dem Alter entsprechend auch noch arbeiten – natürlich mit den nötigen Pausen. Es bleibt genug Zeit für Dinge, die früher vernachlässigt werden mussten.

So habe ich vor Monaten längst vergessene Tagebücher hervorgeholt, sie in Ruhe gelesen und größtenteils entsorgt. Viele Ereignisse aus Jahrzehnten zogen dabei noch einmal an mir vorbei. Ich begegnete in Gedanken den Menschen, die über eine lange Zeit hinweg meine Weggenossen waren. Manche von ihnen hatten mir vorgeschlagen, doch einmal Erlebnisse und Erfahrungen aufzuschreiben. Aber das hatte ich nicht vor.

Doch es kam anders: Mein Besuch beim Fest zur Eröffnung des „Jahres der Dankbarkeit" hatte Folgen. Eine liebe Bekannte, die ich lange nicht mehr getroffen hatte, fragte: „Schreibst du noch?" – „Nein", antwortete ich, „nur mal einen Beitrag in Zeitschriften."

Die Frage machte mich nachdenklich. Viele Anlässe kamen mir in den Sinn, bei denen ich Hilfe, Ermutigung und Trost erfahren hatte. Damit ließen sich viele Seiten füllen.

Das alles beschäftigte mich in den folgenden Abendstunden. So reifte der Gedanke in mir, doch einiges festzuhalten, was mich seinerzeit neu beim Lesen der alten Tagebücher mit Dank erfüllt hatte.

Das Ergebnis sehen Sie nun vor sich. Ich wünsche mir, dass es Sie ermutigt und auch bei Ihnen dankbares Vertrauen bewirkt.

Else Diehl

Die Ereignisse in zeitlicher Reihenfolge

12.2.1931	Geburt in Steinbrücken (heute Dietzhölztal)
1939–1945	Kriegsjahre im christlichen Elternhaus erlebt
1947	Persönliche Entscheidung für ein Leben mit Jesus Christus; Schulabschluss mit mittlerer Reife; Ausbildung zur Lehrerin wegen der kranken Eltern nicht möglich
ab 1949	Ehrenamtliche Tätigkeit in der Jugendarbeit der örtlichen Gemeinde und im Bund der Freien evangelischen Gemeinden
1950–1955	Stundenweise Bürotätigkeit am Ort
1955	Berufung in die Kinder- und Jugendarbeit mit Reisedienst beim Bibellesebund
1958	Durch Lehrgänge Erwerb der Fakultas für Religion in Berufs- und Berufsfachschulen
	Neben hauptamtlicher auch nebenamtliche Tätigkeit vor allem im Bund Freier evangelischer Gemeinden und in der Allianz-Mission
1991	Ende der offiziellen Arbeit beim Bibellesebund
1992–2000	Ehrenamtliche Tätigkeit mit einer Kollegin für den Bibellesebund in den neuen Bundesländern

Gute Erfahrungen zum Danken

Geliebt

Geliebt zu sein, das habe ich früh in meiner Familie durch meine Eltern und zwei ältere Brüder erfahren. Sie waren sehr besorgt um ihre kleine Schwester, die sie bei Gefahr in jedem Fall zu schützen bereit waren. Freilich trieben sie auch manchen Scherz mit mir, etwa indem sie mir Kautabak als Lakritz anboten. Aber sie erlaubten mir auch, bei ihren Spielen mitzumachen. So war ich beim Fußballspiel der „Hintertormann“, der ihnen die über das Tor geschossenen Bälle holte. Ich war damit zufrieden, weil ich eben dazugehörte.

Die Liebe von Großeltern konnte ich nur von meinen Großmüttern erfahren, denn die Großväter waren vor meiner Geburt schon verstorben.

Die Liebe meiner Familie war nachhaltig. Sie hat mich durch mein ganzes bisheriges Leben „getragen“. Es stimmt, was Jakob Abrell einmal so formulierte: „Nichts in der Welt ist so sehr lebensfördernd wie die Liebe.“

Der stärkste Eindruck war für mich, mit 16 Jahren zu erkennen, was die Liebe Gottes mit der Hingabe seines Sohnes für mich bedeutet. Diese Tatsache hat mich damals dazu bewogen, mein Leben bewusst als Christ fortzuführen. Eine Andacht zu 2. Timotheus 1,9a war damals für mich sehr wegweisend:

Er hat uns gerettet und er selbst, der heilige Gott, hat uns zu seinem Dienst berufen. Nicht etwa, weil wir das verdient hätten, sondern aus Gnade und weil dies von Anfang an Gottes Absicht war.

Übersetzung: „Hoffnung für alle“

Gefordert – gefördert

Ich bin in einem Geschäftshaushalt aufgewachsen. Da war es selbstverständlich, dass wir – dem Alter gemäß – im Haushalt mithalfen. Im Nachhinein bin ich dankbar, früh gelernt zu haben, kleine Aufgaben treu zu erfüllen und Regeln zu beachten. Wer gefordert wird, der wird auch gefördert.

Während meiner Schulzeit war es vor allem *ein* Lehrer, der unser Interesse für Literatur und die Liebe zur Musik geweckt hat. Die Chorstunden mit ihm waren jedes Mal eine Freude für die ganze Klasse. Noch heute sind wir uns bei gelegentlichen Klassentreffen einig, dass er uns gefordert, aber auch sehr geprägt hat. Es ist dann immer ganz lustig, wenn wir bei unserem Austausch über die Deutschstunden versuchen, Gedichte und Dramen den entsprechenden Dichtern und Verfassern zuzuordnen – und das nach über 70 Jahren. Gelernt ist gelernt!

In meiner Heimatgemeinde habe ich schon als Teenager in der Sonntagsschule mitgeholfen. Bei dieser Herausforderung wurde ich durch Vorbereitungsstunden unterstützt. Die praktischen Anregungen von älteren und erfahreneren Mitarbeitern waren dabei sehr hilfreich.

Außerdem ermöglichte mir die Gemeinde die Teilnahme an Schulungen und Seminaren. Da ich schon sehr früh Verantwortung übernehmen sollte, hat es mich entsprechend gefordert.

Diese gute Erfahrung habe ich beherzigt und später auch jüngere Helfer in Freizeiten und bei der Strandmission früh zum Mitarbeiten ermutigt. Sie waren begeistert, „Minihelfer“ oder „Helfershelfer“ zu sein, wie wir es nannten.

In meinen Dienstjahren waren es Begegnung mit anderen Christen, die mich weiterbrachten. Da waren zum einen die Rüstkurse für Referenten in der Arbeit mit Kindern. Zusammen mit Kollegen aus anderen Werken habe ich diese Kurse über zwei Jahrzehnte mitgestaltet. Dabei habe auch ich viel Gewinn gehabt.

Da waren zum andern die internationalen Treffen mit Mitarbeitern aus der weltweiten „Bibellesebund-Familie". Ich bekam dadurch einen Weitblick wie nie zuvor. Herausragend waren die Kongresse in Lausanne (1974) und später in Manila (1989). Ich empfand es als Vorrecht, diese Tagungen zu erleben. Die wertvollen Bibelarbeiten und fundierten Vorträge forderten mich persönlich heraus und förderten mich in meinem Dienst.

Geführt

„Kann alleine!" behaupten oft kleine Kinder. Mal klappt es wirklich, mal endet es kläglich. Dann ergreift das Kind gern die Hand des Erwachsenen.

Gleichen wir nicht oft den Kindern? Es ist gut, wenn wir als Nachfolger von Jesus immer wieder um Gottes Führung bitten, auch wenn uns das keinesfalls erspart, eigene notwendige Entscheidungen zu treffen.

Unser Herr macht uns in Psalm 32,8 ein großartiges Angebot:

Ich will dich unterweisen und dir den Weg zeigen,
den du gehen sollst;
ich will dich mit meinen Augen leiten.

Dieser Vers hat mir bewusst gemacht, wie wichtig die ungestörte Beziehung zu Gott ist, um den rechten Weg zu erkennen.

Gottes Führung habe ich in vielfältiger Weise erlebt: Mal waren es Gespräche, die Klarheit brachten, dann Begegnungen oder auch gewisse Umstände, die weiterhalfen. Es waren also keine „Zettel vom Himmel gefallen", wie man oft fälschlicherweise erwartet.

Es kostet oft mehr Kraft, auf Gottes Handeln zu warten, als selbst aktiv zu werden. Als ich erkannte, dass ich vollzeitlich die Arbeit mit Kindern tun sollte, war ich dazu bereit. Ich befand mich allerdings in einer schwierigen familiären Situation: Meine Eltern hatten große gesundheitliche Probleme, die häufig meine Anwesenheit erforderten. Die Frage: „Wie soll das gehen?" trieb mich sehr um. Ich musste oft um Konzentration bei meiner Büroarbeit beten. Immer wieder bat ich Gott um eine Lösung. Doch die blieb zunächst aus. Zwölf Monate Wartezeit fand ich sehr zermürbend. In jenem Jahr stärkte mein Vertrauen immer wieder das Wort aus Psalm 32,8.

Und so entstand das folgende Gedicht zu diesem Vers:

Du gabst zu Zeiten und aus manchem Ort
mir immer tröstend dieses Wort.
Es ist mir Hilfe nun schon lange Zeit
und hält mich still für deinen Wink bereit.

Wie sollte ich erkennen meinen Weg,
ich wusste wahrlich weder Rat noch Steg.
Wärst du es nicht, der selber zu mir spricht:
„Ich will dir raten, ich verlass dich nicht!“

Ist auch mein Glaube für die Zukunft klein,
ist dies mein Trost, von dir geführt zu sein.
Drum warte ich und folge deiner Hand,
die sicher führt – und wär's in neues Land.

Dieses neue Land betrat ich durch meine Berufung in den Bibellesebund. Und das kam so:

Völlig überraschend und ohne jegliche Initiative meinerseits kam eines Tages die Anfrage vom Bibellesebund zur vollzeitlichen Mitarbeit unter Kindern mit dem Angebot, meinen Wohnsitz bei meinen Eltern behalten zu können. Das war *die* Lösung für mich.

Später erfuhr ich, unter welch merkwürdigen Umständen es dazu gekommen war: Bei der Sitzung der Verantwortlichen des Werkes wurde irrtümlich der Name Diehl genannt, der mich ins Spiel brachte. Aufgrund dieser Namensverwechslung wurde die Anfrage der Mitarbeit an mich gerichtet. Ich war darauf vorbereitet, ohne dass auch nur ein einziger Mensch etwas von meinem inneren Ruf wusste. Ich konnte nur staunen und danken.

Getröstet

Als Kind war ich manchmal etwas ängstlich. Aber durch die Anwesenheit von Vater und Mutter war ich schnell beruhigt und getröstet. Das galt auch, wenn ein Missgeschick passierte.

Eine ganz frühe Erfahrung steht mir noch vor Augen: Als Vorschulkind besuchte ich mit meiner Mutter liebe Bekannte. Wir planten, mit dem letzten Zug des Tages heimzufahren. Ich sehe noch die große Bahnhofsuhr vor mir. Der Zeiger stand auf fünf Minuten nach null Uhr. Der Zug war weg. Die Uhr der Gastgeber war ungenau gewesen. Ich erinnere mich heute noch an meine ängstlichen Worte: „Ich weiß nicht, was ich jetzt machen soll." Dann spürte ich die warme Hand meiner Mutter und die bange Sorge war verflogen. Wir durften dann bei unseren Bekannten übernachten.

In diesen Tagen denke ich oft an die vielen Kinder und Jugendlichen, die schutzlos und oft verzweifelt auf der Flucht sind – ohne die tröstende Hand eines Erwachsenen. Um getröstet zu werden, braucht es nicht viele Worte. Als mich einmal bei einer Tagung Sorgen bedrückten, berührte mich ein lieber Mensch an der Schulter und mit einem „Ach, Else!" schaute er mich still an. Er hatte meine Situation erahnt, ohne weitere Fragen zu stellen. Diese Anteilnahme hat mir damals sehr wohlgetan.

Noch mehr als Worte von Menschen hat mich in stillen Augenblicken Gottes Wort getröstet. Vor allem auch dann, wenn mir meine Unvollkommenheit im Leben und Dienst bewusst war. Da habe ich am eigenen Leib erfahren, was in Jesaja 66,13 steht:

Ich will euch trösten,
wie einen seine Mutter tröstet.

Übrigens hat sich die Ängstlichkeit hin und wieder auch später noch gezeigt, etwa bei unvorhersehbaren Situationen oder in zunächst fremder Umgebung, was ja im Reisedienst oft vorkam. Da habe ich gelernt, mich immer neu im Vertrauen zu üben.

Getragen und gehalten

„Eure Gebete haben mich in schweren Tagen getragen." So berichten oft Kranke, wenn es ihnen besser geht. Es ist eine wertvolle Erfahrung, die Liebe und Fürsorge von anderen zu erleben, vor allem ihre Fürbitte. Ich habe es konkret so am eigenen Leib spüren dürfen, wenn etwa Freizeiten und weite Fahrten im Reisedienst vor mir lagen und ich um meine kranken Eltern daheim besorgt war. Es tat so gut, um Menschen zu wissen, die für mich beteten.

Als ich bei einer lieben älteren Christin einmal erwähnte, bei einer Freizeit mit über 100 Kindern wenig Zeit für persönliches Gebet zu finden, tröstete mich ihr Hinweis: „Jetzt ist deine Arbeit Gebet. Und wir beten für dich!" Das schenkte Tragkraft. Wie gut!

Aber auch praktische Hilfe gehört dazu: Anteilnahme, Gespräche sowie finanzielle Unterstützung. Es hat mich geradezu gerührt, wenn meine Großmutter mir von ihrer sehr kargen Rente hin und wieder Geld schenkte, das ich für Material in der Arbeit mit Kindern verwendete. Wie viele Missionare werden so von Spendern „unterhalten", damit sie ihren Dienst überhaupt ausrichten können.

Vergessen werde ich nicht, was ich einmal zufällig aufgeschnappt habe. Ich hörte, wie eine Bibelschülerin beim Verabschieden zu einer anderen sagte: „Lass dich halten." Es war der Gedanke, sich von Christus festhalten zu lassen, gemäß der Aussage in Psalm 3,6:

Ich liege und schlafe und erwache;
denn der HERR hält mich.

Gesegnet

Das wünschen wir uns als Einzelne, aber auch als Gemeinde. Wir erbitten dies in Liedern und gehen mit dem Segen Gottes aus dem Gottesdienst. Da ist es auch nicht verwunderlich, wenn an alten Fachwerkhäusern in Dörfern das Sprichwort „An Gottes Segen ist alles gelegen!" zu finden ist.

Meine erste Begegnung mit dem Wort „segnen" liegt sehr lange zurück. Ich war fünf oder sechs Jahre alt. Ein Prediger besuchte meine Mutter am Krankenbett und betete für sie. Beim Abschied strich er mir liebevoll über den Kopf, und ich hörte ihn sagen: „Gott segne dich, mein Kind!" Die Worte habe ich nicht vergessen, wenngleich ich damals den Sinn nicht verstand. Es tat mir einfach gut.

Später durfte ich erfahren, wie mir Gottesdienste, christliche Konferenzen, Bücher – vor allem die Bibel –, die Texte und Musiken von Oratorien zum Segen wurden. Auch Menschen zählten dazu.

Seit vielen Jahren bedenke ich einen Satz, den Dr. J. Oesterle (Gastdozent an der jetzigen Theologischen Hochschule in Ewersbach) einmal zum Thema „Segen" so formulierte: „Segen Gottes ist alles, aber auch all das, was uns bereit macht, Gott mehr zu lieben und zu dienen."

Kann so auch Krankheit und Leid zum Segen werden? Von einigen Betroffenen habe ich es schon gehört.

Dunkle Tage

Kriegszeit – der Beginn

Dies soll keine Abhandlung über beängstigende Zeiten werden. Wir erleben sie ja ganz aktuell. Aber beim Zurückblicken können wir schwere Tage auch nicht ganz ausblenden.

Danke-Geschichten gibt es trotzdem, denn ich habe konkret erfahren, dass Gott mich und meine Familie im Leid – das er uns nicht ersparte – getragen hat. So konnten wir es verkraften.

Ich erlebte den Ausbruch des Zweiten Weltkrieges, als ich acht Jahre alt war. Bedrohlich wurde es dann so richtig für uns, als die Luftangriffe begannen. Der Zug, mit dem wir täglich zur Schule fuhren, geriet oft unter Flakbeschuss. Bei einem solchen Angriff konnten wir Schüler gerade noch den Zug verlassen und hinter einem riesigen Holzstoß Schutz finden. Den zehn Kilometer langen Heimweg legten wir dann zu Fuß zurück.

Bei einem späteren Beschuss wurde eine 14-jährige Freundin – das einzige Kind ihrer Eltern – in einem Garten nahe der Bahnlinie von einer Bordkanone getroffen. Die Eltern hatten sie wegen der Angriffe auf Wuppertal in die vermeintliche Sicherheit unseres Dorfes gebracht. Sie verblutete in der folgenden Nacht im Krankenhaus.

Trost trotz Tränen

Kurz vor Kriegsende lag mein Bruder mit einer schweren Verwundung im Lazarett in Unna. Sofort machte sich mein Vater auf, ihn zu besuchen. Aber er traf ihn nicht mehr lebend an. Mein Bruder war nach einer großen Operation verstorben.

Drei Tage vor meiner Konfirmation informierte uns mein Vater mit trauriger Stimme darüber. Meine Eltern waren sehr bemüht, mir trotzdem ein schönes Fest zu bereiten, auch wenn der Schmerz bei uns allen groß war. Für meine Eltern war auch die Hoffnung dahin, dass dieser Bruder als Kaufmann unser Textilgeschäft übernehmen würde.

Mein Bruder wurde auf dem Ehrenfriedhof in Unna begraben. Wegen der schweren, pausenlosen Angriffe konnte mein Vater nicht zur Beerdigung nach Westfalen fahren. Und mein ältester Bruder war in französischer Gefangenschaft.

Am Tag nach der Beerdigung erreichte uns ein Brief meines verstorbenen Bruders, den er vor seiner Operation geschrieben hatte. Seine Glaubenshaltung hat uns alle sehr bewegt und getröstet, als wir sein „Auf Wiedersehen!“ lasen. Auch erinnerte er uns an eine Aussage, dass alles, was auf uns zukommt, zuerst an Gott vorbei muss. Es war auch ein Trostwort für meine Eltern.

Kriegszeit – das Ende

Wir erlebten die letzten Tage des Krieges in großen Ängsten. Kurz vor dem Einmarsch der Amerikaner gab es einen Einschuss in der unteren Etage unseres Hauses, während wir mit Nachbarn bei uns im Luftschutzkeller saßen. Mein Vater war zwei Minuten zuvor noch an der Stelle gewesen, wo jetzt ein riesiges Loch in der Mauer klaffte. Wir waren trotz allem Schrecken glücklich über diese Bewahrung.

Dann trafen die Soldaten zu Hausdurchsuchungen ein, mit Bajonetten auf den Gewehren. Ein furchterregender Anblick. Unser Haus war durch den Einschuss bis unters Dach mit Mörtel und Staub bedeckt. Auf die Frage eines Soldaten: „Wie viele Kamerad hier?“, nannte ich die Zahl der erschienen Soldaten. Es waren insgesamt dreizehn. Er hatte wohl gemeint, wie viele Soldaten schon einquartiert wären – ein bewahrendes Missverständnis, um die Soldaten nicht aufnehmen zu müssen. Angesichts des vielen Drecks gingen sie bald weiter.

Es dauerte noch Wochen, bis wir das Empfinden hatten: Der Krieg ist wirklich vorbei. Gott sei Dank!

Erlebnisse in der Nachkriegszeit

Einschränkungen und Währungsreform

Die ersten drei Jahre nach Kriegsende waren noch von Not und Entbehrung gezeichnet. Das Essen war spärlich, die Wohnungsnot groß. Wir mussten im Elternhaus ein Ehepaar aufnehmen, das aus seiner Heimat vertrieben worden war. Schon im Krieg lebte eine Familie einige Monate bei uns, die dadurch dem Bombenangriff auf Wuppertal entkommen war.

Lebensmittel waren noch knapp. Wenn ich heute einkaufe, stehe ich zuweilen lächelnd vor den Regalen mit den zahlreichen Sorten von Käse, Joghurt, Kaffee ... Wie viele Wochen mussten wir mit einem einzigen Becher Margarine auskommen. Und jetzt! Von daher ist einzukaufen heute eine frohe Aufgabe, die ich in Erinnerung an die Jahre des Verzichts dankbar geradezu genieße.

Ein tiefer Einschnitt bedeutete die Währungsreform 1948. Mit der Summe von 40 Mark pro Kopf waren alle zunächst gleichgestellt. Jetzt tauchten auch plötzlich Waren wieder auf. Eine neue Zeit begann. Meine erste Ausgabe waren 4 Mark beim Zahnarzt für die Behandlung eines entzündeten Zahns – unvergesslich!

In der Freiheit nach Ende des sogenannten Dritten Reichs durften auch wieder Kinderstunden ohne jegliche Einschränkungen durchgeführt und Religionsunterricht in Schulen erteilt werden.

Schulausflug mit Erbsensuppe

Einmal jährlich fanden die von den Schülern ersehnten Wandertage statt. Die fielen im Krieg natürlich aus. Erst danach konnten sie wieder stattfinden. Wie wir uns darauf freuten!

Hier ein Aufsatz jener Jahre:

Diesmal war unser Ziel die Dianaburg und Schloss Greifenstein in der Nähe von Wetzlar. Schon die Vorbereitungen waren spannend, wollten wir doch unterwegs selbst kochen. Ein großer Topf musste mitgenommen werden samt allem, was dazugehörte. Ein Junge unserer Klasse kam als Einziger aus der Landwirtschaft und brachte ein Stück Räucherspeck für die geplante Erbsensuppe mit.

Mit dem Zug fuhren wir 15 Kilometer. Dann wanderten wir einige Stunden durch den Wald, vorbei an einer Heilstätte für junge Lungenkranke, was uns ein wenig betroffen machte. Dann machten wir Rast und bereiteten auf einer Feuerstelle am Waldrand die Suppe vor. Das war eine echte Gemeinschaftsarbeit. Und wir hatten viel Spaß dabei. Unserem Kameraden verdankten wir eine schmackhafte Suppe.

Gestärkt setzten wir den Aufstieg zur Burg Greifenstein fort. Weil wir unterwegs gute Gespräche hatten, wurde uns der Weg nicht lang und die Zeit verging wie im Flug.

Der schönste Augenblick für uns war, als unser Klassenlehrer auf der Orgel in der unbeschädigten Kapelle – die restliche Burg war nur noch eine Ruine – ein Präludium spielte und wir im Chor mehrstimmig sangen: „Herr, deine Güte reicht so weit.“ Es kam uns so richtig aus dem Herzen.

Zufrieden fuhren wir per Zug wieder nach Hause.

Wie mag ein solcher Bericht heute auf Schüler wirken, die oft teure Fahrten in ferne Länder normal finden? Es sei ihnen gegönnt! Aber: Ob sie das auch zu schätzen wissen? Es wäre wünschenswert.

Erfreuliche Begegnungen

Zwei besondere Abende

Begegnungen mit Menschen sind sehr unterschiedlich und haben sehr verschiedene Auswirkungen. Da gibt es solche, die uns ermutigen, andere hingegen lösen Angst und Sorge oder auch Konflikte aus. So bekam ich als Kind einen lautstarken Streit mit, bei dem ein Lehrer meiner zukünftigen Schule wütend reagierte. Ab diesem Tag sah ich meiner Einschulung ängstlich entgegen. Erst durch meine freundliche Lehrerin verlor ich meine Angst und hatte Freude am Lernen.

Wie das Thema des Kapitels besagt, soll es aber jetzt um positive Begegnungen gehen. Ich könnte von sehr vielen berichten, beschränke mich aber auf wenige:

Zwei Jahre nach Kriegsende (1947) war in unserer Gemeinde ein Missionsabend angesagt. „Wir bekommen auch Besuch aus der Schweiz, kommt also möglichst zahlreich", hieß es. Besuch aus der Schweiz hatte noch keiner erlebt.

Gegen Ende des Missionsberichts tauchten die angesagten Gäste etwas verspätet auf. Es waren drei Männer, die in Deutschland Kontaktbesuche bei Gemeinden und christlichen Werken machten: Ernst Aebi, Armin Hoppler und Maurice Ray. Sie waren die Leiter des uns bis dahin unbekannten Bibellesebundes der deutsch- und französischsprachigen Schweiz. Sie hatten Hilfsgüter dabei, mit denen sie uns helfen wollten, und stellten sich und die Arbeit es internationalen Bibellesebundes vor. Dazu hatten sie auch Bibellesepläne für verschiedene Altersstufen mitgebracht. Zu dieser Zeit hätten wir für solche Schriften nicht einmal das nötige Papier gehabt!

Als Herr Aebi schließlich mit seiner Andacht begann, hatte er unsere volle Aufmerksamkeit. Sie war herzerfrischend und seine fröhliche Art geradezu ansteckend. Die kurze klare Botschaft über Johannes 3,16 („Also hat Gott die Welt geliebt, dass er seinen eingeborenen Sohn gab, damit alle, die an ihn glauben, nicht verloren werden, sondern das ewige Leben haben.") und seine drei Punkte dazu, weiß ich heute noch. Oft haben mir später Christen erzählt, wie sie die lebendige Verkündigung von Ernst Aebi auf Konferenzen ermutigt hat.

Zurück zu jenem Abend: Bei diesem Besuch bekam ich meinen ersten Bibelleseplan, damals „Der junge Bibelleser". Heute ist es die Bibellese-Zeitschrift *Orientierung*, die mich seit jenem Abend beim Bibellesen begleitet – und mir schon entscheidend geholfen hat, schwierige biblische Passagen zu verstehen.

Ein Jahr später wiederholten die Freunde aus der Schweiz ihren Besuch im damaligen Predigerseminar in Ewersbach. Wieder erlebten wir einen unvergesslichen Abend.

Bei diesem Treffen erhielt ich das von der Europa-Mission gewidmete Buch „Kurze Einführung in die Bibel" von Ernst Aebi. Es ist mir bis heute eine Hilfe bei Vorbereitungen für Andachten und Bibelarbeiten.

Dass ich acht Jahre später selbst Mitarbeiterin beim Bibellesebund sein würde, konnte keiner ahnen, ich am wenigsten.

Unvergessene Mitarbeiter

Es erstaunt mich meistens, wenn sich freundlich dreinblickende Erwachsene als ehemalige Teilnehmer von Kinderwochen und Freizeiten „entpuppen". Dann bin ich dankbar, dass sie anscheinend auch an die Verkündigung in den Bibelarbeiten gute Erinnerungen haben.

In den Freizeiten damals habe ich Jahr für Jahr viel Unterstützung durch ehrenamtliche Mitarbeiter gehabt. Ich denke vor allem an die „Kochmuttis" und ihren großen Einsatz, besonders in Berndorf, Heisterberg, Plön und im Zeltlager in Oberndorf. Ihr liebevoller Einsatz und das gute Essen haben nicht nur den Kindern, sondern dem gesamten Mitarbeiterteam gutgetan.

Auch der Schmerz von Heimweh-Kindern wurde gemildert, wenn sie zum Beispiel mit dem „Freizeit-Opa", der immer dabei war, für das Lagerfeuer im Wald das Holz holen durften. Dies alles „leuchtet lange zurück" wie es in einem Gedicht heißt:

Was vergangen, kehrt nicht wieder,
aber ging es leuchtend nieder,
leuchtet's lange noch zurück.

Karl August Förster

Viele dieser unvergessenen Mitarbeiter leben nicht mehr. Aber ich gedenke ihrer gerne in großer Dankbarkeit.

Sommer an der Nordsee

Offene Türen

Viele Urlauber zieht es im Sommer an die See. So war es auch bei mir.

1969 verlebte ich erholsame Tage auf einem Campingplatz in Bensersiel an der Nordseeküste. Ich stellte mir vor, wie es wäre, wenn es dort Ferienangebote für Kinder gäbe, wie ich sie beim Bibellesebund in England kennengelernt hatte. Aus der Vorstellung wurde ein Wunsch und Gebet. Im Jahr darauf war es dann Wirklichkeit: Ein Team stand bereit. Ein gelungener Versuch während einer Teenagerfreizeit an der Ostsee hatte uns ermutigt. Jetzt brauchte ich nur noch die Genehmigung des Kurvereins.

Ein erstes Gespräch mit dessen Leiter führte zu einem erstaunlichen Ergebnis: Er hatte eine positive Erfahrung auf der Insel Langeoog mit Diakonissen gemacht, die in einem Erholungsheim arbeiteten. Ein kurzes Gespräch klärte alles: „Wenn Sie dieses Geistes sind, dürfen Sie gerne bei uns arbeiten." Das war unsere offene Tür, die auch jetzt, nach 45 Jahren, noch immer geöffnet ist.

Er nannte uns in seinem Bestätigungsschreiben sehr günstige Preise für die Mitarbeiter und den Stellplatz des Wohnwagens. Einen weiteren Wohnwagen konnten wir anmieten. Im Laufe des Jahres fanden sich die nötigen ehrenamtlichen Mitarbeiterinnen. Ein Stoffbanner mit der Aufschrift „Frohe Zeit für Kinder" wurde angefertigt, dazu Liedpappen zum Singen.

Wir waren gut gerüstet, als wir im folgenden Sommer den zehntägigen Einsatz begannen. Und die Überraschung kam am letzten Abend. Der Leiter selbst kam zum Verabschieden und erklärte: „Der Platzwart wird Ihnen morgen sagen, dass Sie nichts bezahlen müssen. Er hat gesagt: ‚Die haben so viel hier für die Kinder getan, denen dürfen wir kein Geld abnehmen.'"

Ähnliche positive Erfahrungen konnte ich auch an anderen Küstenorten und auf Inseln machen. Einmal sagte ein Inselpastor: „Wir haben schon auf Sie gewartet!" Auf einer anderen Insel betete uns eine ältere, körperbehinderte Christin über Jahre hinweg regelrecht herbei. Sie hatte sogar den Kurdirektor gebeten, eine eventuelle Anfrage des Bibellesebundes zu bejahen. So geschah es dann auch bei einem Besuch bei ihm. Wir erlebten sprichwörtlich, was in Offenbarung 3,8 von der von Gott gegebenen offenen Tür beschrieben ist. Aber wir spürten auch die erwähnte „kleine Kraft", wenn wir müde und verzagt waren.

Von weiteren offenen Türen später mehr.

Ermutigung oder Ärger?

Der Zeitraum unserer Einsätze war in Bensersiel auf Wunsch der Kurverwaltung immer mehr verlängert worden. Nach dem ersten Jahr mit zehn Tagen sollten es vier Wochen, dann sieben und zuletzt zwölf Wochen sein, damit alle Kinder aus den Bundesländern mit den unterschiedlichen Ferienzeiten an der Strandmission teilnehmen konnten. Mittlerweile hatten sich auch gute Kontakte mit den Familien ergeben, weil manche jährlich ihre Ferien hier verbrachten. So boten wir wöchentlich Familiensingen an.

Wir waren sehr erfreut, wenn bei den Kindertreffs im Freien viele Eltern und andere Urlauber dabei waren. An „guten" Tagen kamen etwa 80 Kinder und 30 bis 40 Erwachsene.

„Ich muss Ihnen doch mal etwas erzählen!", sprach mich eines Tages ein Camper auf dem Campingplatz in Bensersiel an. Ich war dort mit einem Team ehrenamtlicher Mitarbeiter zur Strandmission. „Es ist schon einige Jahre her. Ich hatte eine stressige Zeit im Beruf gehabt und war so richtig urlaubsreif. Entsprechend war auch meine Gemütsverfassung. Möglichst nur ruhen wollte ich. So lag ich auf einer Liege vor meinem Zelt. Da hörte ich Gitarrenklänge und Kindergesang. Sie waren mit einigen Jungen und Mädchen auf Einladetour für den Kindertreff am Strand. Deutlich hörte ich den Kehrreim nach jeder Strophe:

Ja, Gott hat alle Kinder lieb,
jedes Kind in jedem Land.
Er kennt alle unsre Namen, alle unsre Namen,
*hält uns alle, alle in der Hand.**

---

* Text und Musik: Margret Birkenfeld, © 1975 Gerth Medien Musikverlag, Asslar, Abdruck mit freundlicher Genehmigung

Das hat mich richtig getroffen. Es war nicht nur was für Kinder. Da ist einer, der mich und meine Situation kennt und mir zur Seite stehen will. Sie glauben nicht, wie mir das damals gutgetan hat. Es hat mich richtig aufgebaut. Das sollen Sie doch mal wissen."

Ich konnte im Herzen nur Danke sagen für die Wirkung eines einfachen Kinderliedes.

Total anders war die Reaktion eines Vaters auf ein Lied. Sein Strandkorb stand direkt neben dem Platz, den die Kurverwaltung uns auf dem Campingplatz empfohlen hatte: dem Sportgelände, wo es natürlich lebhaft zuging.

Wir stutzten, dass das Kind dieses „Nachbarn" während des Kindertreffs immer vom Dach des Strandkorbes heruntersprang. Es störte natürlich unsere Gruppe beim Zuhören und mich beim Erzählen der biblischen Geschichte.

Nach dem Kindertreff kam der Vater schimpfend auf uns zu, weil wir ausgerechnet in der Nähe seines Strandkorbs saßen und natürlich auch gesungen hatten. „Ich werde mich bei der Kurverwaltung beschweren", drohte er mir.

Ich erklärte ihm, dass die Kurverwaltung uns diesen Platz vorgeschlagen hatte. Was ihn denn genau störe?

„Dass die Kinder so oft das Weihnachtslied vom Lichterbaum singen."

Schnell war mir klar, welches Lied er meinte: „Gott ist die Liebe" mit derselben Melodie wie „Am Weihnachtsbaum die Lichter brennen". So fragte ich noch einmal: „Ist es vielleicht der Text, der Sie stört?"

„Kann auch sein", brummte er beim Weggehen.

Kinder und Eltern waren empört über den Mann und wollten protestieren. Ich konnte sie besänftigen: „Wir haben doch ‚Frohe Zeit für Kinder' – unser Slogan bei der Strandmission – und nicht ‚Schimpfzeit'."

Die nächste Veranstaltung führten wir weiter entfernt von diesem Strandkorb durch, wo wir Ruhe hatten.

Übrigens: Wir wollten jeden Ärger vermeiden. Darum war ich besorgt und ehrlich gesagt auch verängstigt, als ich zur Kurverwaltung ging, um von dem Vorfall zu berichten. (Bei der schriftlichen Zusage vor Beginn unserer Arbeit war ausdrücklich erwähnt, dass es keine Klagen der Gäste geben dürfe.) Dort bekam ich jedoch Verständnis und volle Unterstützung.

„Lassen Sie den Mann nur kommen!", sagte der Veranstaltungsleiter.

Er kam aber nie!

Ob Sie nachempfinden können, wie dankbar wir alle vom Team über den Ausgang dieser Erfahrung waren? So konnten wir getrost weiterarbeiten.

Dankbare Kinder und Eltern

Wenn man beim Erzählen einer Geschichte in leuchtende Augen blickt, fühlt man sich reich belohnt. So ist es mir in Kinderbibelwochen und bei der Strandmission oft ergangen.

Schön war, wenn ich auch bei zunächst etwas kritisch dreinblickenden Erwachsenen ein Lächeln bemerkte.

Nach dem Besuch eines Kindertreffs am Strand in Bensersiel sagte mir ein Verantwortlicher der Kurverwaltung einmal etwas wehmütig: „Wenn ich in meiner Kindheit solche frohen Kinderstunden erlebt hätte, wäre mein Verhältnis zur Kirche und zum Glauben wohl ganz anders – besser!"

Eine Camping-Nachbarin erzählte mir einmal von ihrer damals noch kleinen Tochter, die uns bei der Strandmission in Bensersiel täglich im Team aufsuchte. Als sie sich morgens wieder einmal zu uns auf den Weg machte, erklärte sie: „Ich gehe wieder zu ‚Gottens'." Für sie stand unser Team in einer Beziehung zu Gott. Womit sie ja auch recht hatte.

Ich wünschte mir, dass dieses Kind ein gutes Bild von der „Gottesfamilie" bekommen hatte, denn ich weiß, wie wichtig es ist, dass Kinder Wertschätzung und Zuwendung erfahren. Viele Erwachsene haben es mir bestätigt.

Eine Mutter meinte lächelnd: „Unser Tagesplan im Urlaub hier auf dem Campingplatz richtet sich vor allem nach den Veranstaltungen für die Kinder: 11 Uhr Kindertreff, 16 Uhr Spielen mit den Kindern, 18 Uhr Gute-Nacht-Geschichte. Aber uns Eltern ist es recht so. Wir sind dankbar für diese Angebote."

Die Kinder sparten nicht mit Lob. Da wurden unserem Team Briefchen zugesteckt, oder es kam später noch Post:

„Es war so schön bei euch."
„Danke für die Kinderbelustigung."
„Ihr habt uns so gut die Langeweile vertrieben."

Ein wenig Tadel gab es auch:
„Ihr seid viel zu kurz hier."
„Mein Lieblingslied haben wir in diesem Jahr noch nicht gesungen."
„Mir gefällt gar nicht, dass ihr schon abreist."

„Ist das ein Wort-Gottesdienst?", fragte mich ein etwa 9-jähriger Junge, als er die Einladung zum Familiengottesdienst am Sonntag im Kirchenzelt entdeckt hatte. Sie hing im Schaukasten am Strand in Dornumersiel. Als ich es bejahte, wollte er kommen.

Er erschien schon am Tag davor. Einige Kinder fanden sich auch noch ein. Ich war gerade dabei, das Zelt für den Sonntag herzurichten. Die Kinder holten Heckenrosen für den Tisch, ein Ersatz für den Altar, halfen Klappstühle aufzustellen und verteilten Liedblätter.

Am Schluss baten sie mich: „Erzähl uns noch eine Geschichte."

„Was für eine?", fragte ich und rechnete mit der Antwort „von Tieren" oder „was Spannendes".

„Eine von Jesus", meinten sie. Nichts lieber als das! Und so wurde es eine Erzählstunde im engsten Kreis. Mir war bewusst, dass auch hier das Versprechen von Jesus galt: „Wo zwei oder drei versammelt sind in meinem Namen, da bin ich mitten unter ihnen" (Matthäus 18,20).

Den Kindern Jesus und die Bibel liebzumachen, ist eine ganz besonders schöne Aufgabe. Ich war froh und sehr dankbar, dass die Kinder zum richtigen Zeitpunkt erschienen waren, um zu helfen, als ich wegen eines verletzten Fußes kaum laufen konnte und allein im Team war.

Einen außergewöhnlichen Dankesgruß bekamen wir von einem älteren Jungen am Saisonende der Strandmission. Er hatte das Logo des Bibellesebundes mit Muscheln sorgfältig auf Pappe gestaltet. Unter einer großen Muschel war ein Fünf-Mark-Stück versteckt. Es war eine Spende von seinem Taschengeld für unsere Sonntagskollekte „Kinder helfen Kindern in Afrika“. Dieses nette Andenken hängt noch immer in einem Fischernetz an der Hauswand meiner Terrasse.

Freizeit-Erlebnisse

Bange Augenblicke und Gottes Hilfe

Wer mit Kindern zu tun hat, wird Augenblicke kennen, die erschreckend sind und ratlos machen. Erst recht, wenn man die Verantwortung für fremde Kinder hat, wie es in Freizeiten der Fall ist.

In einer Freizeit mit über 100 Kindern berichtete eine Helferin, in ihrer Gruppe klage ein 13-jähriges Mädchen über starke Bauchschmerzen. Vom Essen sei es wohl nicht gekommen. Und Fieber habe es auch nicht. Wir Mitarbeiter überlegten, was zu tun sei, und entschieden, das Mädchen sofort zum Arzt zu bringen.

Als die Helferin nach kurzer Zeit allein zurückkehrte, war das Mädchen bereits im Krankenhaus. Diagnose: geplatzter Blinddarm.

„Es ist typisch, dass Patienten dabei oft kein hohes Fieber haben!", hatte ihr der Arzt gesagt.

Uns allen fiel ein Stein vom Herzen. Was hätte passieren können, wenn wir nicht sofort gehandelt hätten? Wir waren unendlich dankbar, dass Gott uns geleitet hatte, so zu entscheiden.

Eine andere Freizeit:

In einem Zimmer ist ein Junge vom Stockbett gefallen. Es sei nicht so schlimm, meinte der Betroffene. Die erfahrene Mitarbeiterin jedoch war wegen der Blässe im Gesicht des Jungen besorgt. Einem inneren Impuls folgend brachte sie ihn direkt ins acht Kilometer entfernte Krankenhaus. Dort diagnostizierte man gerade noch rechtzeitig einen Riss in der Leber. Wir informierten sofort die Eltern des Jungen, die umgehend anreisten. Der Junge war gerettet!

Wieder einmal wurde uns Mitarbeitern bewusst, wie wichtig es war, in unseren Besprechungen um Bewahrung und Führung im Blick auf die uns Anvertrauten zu beten.

Es gäbe noch manche Beispiele aus den Freizeiten, die nicht so dramatisch wie diese beiden waren. Aufregend war es für die Betroffenen immer, wenn es zum Glück auch recht gut ausging, wie in der folgenden Geschichte:

In dieser Freizeit war ein großer Anteil Jungen. Bei einem Geländespiel im nahe gelegenen Wald passierte es: Eine Gruppe war versehentlich auf ein Wespennest getreten und von den aufgescheuchten Tieren attackiert worden. Mit starken Schmerzen stürmten die Jungen weinend ins Lager zurück. Alle, es waren fünf oder sechs, hatten mehrere Stiche abbekommen. Aus Sorge, dass es sich dabei um Allergiker handeln könnte, brachten wir sie sofort zum Arzt.

Der Junge mit den meisten Stichen – es waren neun – stand ab diesem Zeitpunkt im Mittelpunkt der Freizeit. Mit seinen Händen demonstrierte er allen die Größe der Spritze, die der Arzt ihm gegeben hatte.

Nun, die Sache ging glimpflich aus und war der Anlass für einen besonderen Abend, bei dem die „Helden“ des Tages je nach Anzahl der erlittenen Stiche in entsprechender Reihenfolge mit entsprechend großen Portionen Eis gebührend gefeiert wurden.

Unser Abendgebet am Ende dieses Tages war von Lob und Dank für alle Hilfe bestimmt.

Mauerfall – neue Möglichkeiten

Start in den neuen Bundesländern

Ich hatte mich nach dem Fall der Mauer bereit erklärt, als Rentnerin mit meiner Kollegin Ulla Hesse für den Bibellesebund in den neuen Bundesländern zu arbeiten. Westliche Gemeinden hatten uns auf ihre Patengemeinden im Osten aufmerksam gemacht oder uns gebeten, Kontakt mit ihnen aufzunehmen. So entstand bald eine herzliche Gemeinschaft mit den Gemeinden, hauptsächlich in Thüringen, wo wir eine Wohnung in Gera mieteten, und Sachsen. Erfreulich waren auch Begegnungen bei den Frauen-Frühstückstreffen an vielen Orten. Unsere Arbeit wurde sehr erleichtert, als wir nach über drei Jahren Wartezeit endlich einen Telefonanschluss hatten.

Doch wir wollten auch die Kinder erreichen. Und so war 1992 die Ostseeküste unser Ziel. Unsere Kollegin aus Mecklenburg erwartete uns schon. Sie kannte sich dort aus. Für uns aus dem Westen war das Gebiet ja verschlossen gewesen. Wir wollten gemeinsam erkunden, ob und wo wir vielleicht eine Arbeit am Strand und Campingplatz beginnen könnten – so wie es an der Nordsee seit 1970 geschehen war.

Uns reizte zunächst eine neu eingerichtete Campinganlage. Wir stellten aber bald fest: Der Weg zum Strand war zu weit, und es gab laut Aushang täglich viele Aktionen und Unterhaltungsangebote. Schnell waren wir uns einig: Hier werden wir nicht gebraucht. Wir suchten weiter.

In Zingst war der alte Campingplatz ganz aufgegeben worden. Am Ende des Ortes sei ein neuer entstanden, sagte man uns. Wir entdeckten ihn sofort gegenüber vom Strand, nur durch eine Verkehrsstraße getrennt.

Die Besitzer – ein Ehepaar – zeigten sich sehr interessiert, als wir uns bekannt machten und ihnen bei einer Tasse Kaffee unser Angebot unterbreiteten. „Gute-Nacht-Geschichten wären prima!", sagte die Frau begeistert. Die versprachen wir ihnen natürlich gern. Doch Kinderstunden mit biblischen Geschichten und Liedern waren ihnen bisher wohl fremd. Trotzdem stellten sie uns bereitwillig einen Platz für unseren Wohnwagen mit einem geräumigen Vorzelt zur Verfügung. Dieses Vorzelt war später unser Treffpunkt fürs Bibellesen mit 8- bis 13-Jährigen und für Teenagerstunden.

Als wir am ersten Tag unseres Einsatzes unser Banner „Frohe Zeit für Kinder" am Strand als Treffpunkt im Sand eingruben, kamen wir uns schon etwas verloren vor. Mit Einladungszetteln für die Kinder und einer Information für die Eltern stellten wir uns vor. Niemand kannte uns ja. Neugierig geworden näherten sich uns die ersten Kinder und bestaunten die ausgepackten Bilder und Liedpappen. Bei einem ersten Lied von uns, begleitet mit Akkordeon und Gitarre, versuchten sie bald, die einfache Melodie mitzusingen.

Plötzlich eilte eine Mutter mit zwei Kindern fröhlich winkend auf uns zu. „Das gibt's doch nicht, die ‚Frohe Zeit für Kinder' von Bensersiel ist in Zingst!" Fast hätte sie uns vor Freude umarmt. Wir sie aber auch! Diese nette Begrüßung hat uns natürlich zu Beginn besonders gutgetan und ermutigt.

In den folgenden Tagen wuchs die Schar der Kinder. Die Gute-Nacht-Geschichte fand auf dem nahen Campingplatz in einem Zelt statt. Das gebrauchte Schlafzelt für zwölf Personen war uns von einem Freizeitheim zum Start geschenkt worden. Freilich war es niedrig, aber gerade richtig zum Kuscheln mit den mitgebrachten Stofftieren.

Reaktionen von Groß und Klein

Für die meisten Kinder waren biblische Geschichten etwas total Neues. Sie hörten gespannt zu. Einige riefen schon mal dazwischen: „Die Geschichte kenne ich, hat meine Oma mir mal erzählt." Oder: „So ein Buch hat meine Oma auch." Gemeint war die Bibel.

Eine etwa 6-Jährige platzte heraus: „Den Gott gibt es nicht, hat mein Papa gesagt." Meine Kollegin reagierte ruhig und freundlich und sagte: „Doch, aber vielleicht kennt dein Papa ihn noch nicht!"

Die Kleine – nennen wir sie Kathrinchen – schwieg dazu. Aber ihr Gesicht verriet, dass sie nachdachte. Sie kam weiterhin. Sie liebte unser Programm. Einige Tage später verkündete sie etwas verschmitzt: „Zu Hause gibt es eben keinen Gott, aber den gibt es hier bei euch." Das war kindliche Logik.

Etwa zwei Jahre später – wir waren wieder zur Strandmission in Zingst – begrüßte uns eines der ankommenden Kinder und fragte: „Kennt ihr mich noch?"

Ein kurzes Überlegen, dann blitzte die Erinnerung in uns auf: „Du bist Kathrinchen! Schön, dass du wieder da bist!" Und wir blickten in ein strahlendes Gesicht.

Was wird aus den Samenkörnern werden, die wir aus Gottes Wort in Kinderherzen ausgestreut haben? Werden sie *den* Gott kennenlernen, den es wirklich gibt? Und werden sie ihm vertrauen? Wird also die Saat aufgehen und Frucht bringen? Das bleibt uns meistens verborgen. Es muss auch unsre Sorge nicht sein. Gott hat viele Möglichkeiten, die Samenkörner gedeihen zu lassen. Wir dürfen säen und darum beten, dass die Saat aufgeht und nicht „zertreten" oder „weggepickt" wird, wie Jesus es in einem Gleichnis erzählt

(Matthäus 13,3-8). Von uns Mitarbeitern erwartet der Herr nur Treue und Geduld.

Nie werde ich die Worte eines Vaters vergessen. Er hatte bei uns eine Weile zugehört, wohl deshalb, weil seine 10-jährige Tochter so gerne zum Kindertreff kam. Er ballte seine Faust bei den Worten: „Das alles hat man uns all die Jahre vorenthalten. Man hat uns die Kirche und den Glauben miesgemacht. Das hier ist doch eine so gute Sache für Kinder."

Nicht nur für Kinder, dachte ich und war wieder ganz neu dankbar für die offenen Türen auch im Osten unseres Landes, durch die wir in aller Freiheit den Kindern von Gott und Jesus erzählen konnten.

Ermutigende Überraschungen

Ja, die gab es auch.

Aus Freude über unseren Start in den neuen Bundesländern spendete uns eine liebe Bekannte ihre gesamte Siegprämie, die sie bei einem Bibelquiz im Fernsehen gewonnen hatte. Eine andere Person unterstützte die Arbeit im Osten durch einen Anteil von ihrem Honorar. Dank einer weiteren Spende konnten wir Kinder-Stühlchen für die Strandmission in Zingst anschaffen.

Dort wartete der Platzwart in einem Jahr bei unserer Ankunft auf dem Campingplatz mit einer besonderen Überraschung für uns auf. Er hatte eine kleine Werkstatt in einem Wohnwagen gleich nebenan und teilte uns augenzwinkernd mit: „Wir haben etwas für euch zum Empfang." Dann zeigte er uns ein aufgebautes Zelt mit selbst angefertigten Sitzbänken. Er erklärte: „Wir konnten dieses gebrauchte Volksarmeezelt auftreiben."

Er hatte wohl mitbekommen, dass wir im Jahr zuvor unser Zelt in mühevoller Arbeit imprägniert hatten. Es war sehr in die Jahre gekommen und undicht geworden.

Es waren diese und ähnliche unvorhergesehene Zuwendungen von anderen Menschen, die uns in unserer Arbeit ermutigten.

Dank
für Hilfe unterwegs

Zwischenfälle auf der Straße

Über fünfzig Jahre bin ich mit dem Auto unterwegs gewesen. Da gäbe es vieles zu erzählen. Das erspare ich mir und den Lesern.

Nur von einem Erlebnis möchte ich ausführlicher berichten. Rückblickend empfinde ich große Dankbarkeit gegenüber Gott für diesen Helfer auf der Landstraße.

Nach der Wende befand ich mich mit meiner Kollegin Ulla auf dem Weg zu einem Dienst in Mecklenburg-Vorpommern. Zwischen zwei Orten ging plötzlich der Motor aus. Wir blieben stehen. Weit und breit kein Haus in Sicht. „Handy" war noch ein Fremdwort.

Wir beschlossen, dass Ulla in den Ort gehen sollte, durch den wir gefahren waren, in der Hoffnung, eine Tankstelle mit Telefon zu finden. Ich begleitete sie im Gebet. Nicht lange danach fuhr ein Auto an mir vorbei. Der Fahrer blickte zu mir herüber und drehte nach wenigen Metern um.

„Ich habe Ihr westliches Nummernschild gesehen und mir gedacht: Die kennt sich doch hier nicht aus, will sehen, ob ich ihr weiterhelfen kann." Und wie er helfen konnte!

Der Mann war im Landratsamt beschäftigt. Er gabelte Ulla unterwegs auf. In seinem Büro machte er die Telefon-Nummer des ADAC ausfindig – und brachte Ulla sogar wieder zurück. Für uns war er ein Engel in Menschengestalt. Dank dem eintreffenden ADAC konnten wir unsere Reise fortsetzen und kamen pünktlich an.

Wir hatten uns angewöhnt, immer frühzeitig loszufahren. Das kam uns zweimal zugute, als ein nächtlicher Marderbiss die Hilfe einer Werkstatt notwendig machte.

Wie viel hätte all die Jahre geschehen können, als

- mich riesige Rohre auf der Autobahn zu einer Slalomfahrt zwangen?
- ein Reh, das plötzlich unter der Leitplanke hervorschoss, und ein anderes Mal eine Hirschkuh kurz vor meinem Auto die Straße überquerte?
- ich als Beifahrerin bei drei Fahrten miterlebte, wie ein Reifen platzte, bei dem kein Mensch zu Schaden kam und auch sonst nichts Schlimmeres passierte?

Und: Wie viel Unachtsamkeit meinerseits hat Gott wohl überwacht? Ich kann nur dankbar sagen:

In wie viel Not hat nicht der gnädige Gott
über mir *Flügel gebreitet*.

nach Joachim Neander

Rückblick beim Älterwerden

Im Ruhestand

Ruhestand – ein gutes Wort. Von vielen herbeigesehnt, von anderen gefürchtet, weil sie sich davor ängstigen, womöglich in ein Loch zu fallen, wenn ihre bisherigen Aufgaben wegfallen.

Martin Buber hat gesagt: „Alt sein ist eine herrliche Sache, wenn man nicht verlernt hat, was anfangen heißt." Wer sich gegen Veränderungen wehrt und stehen bleibt, kann keine neuen Erfahrungen machen. Jemand meinte einmal: „Wer sich nicht wandelt, wird alt, aber nicht reif." Das Leben geht ja weiter. Man kann planen, ohne ein Muss im Nacken und ohne Termine, wenn man notwendige Arztbesuche ausnimmt. Beziehungen lassen sich wieder besser pflegen, man kann lesen, spazieren gehen und vieles Schöne mehr, wann immer man Freude dazu hat.

Dabei kann man sich allerdings auch überfordern, wenn man sich zu ehrgeizig beweisen will oder alles nachholen möchte, was man versäumt hat, auch wenn das gar nicht mehr möglich ist. Es ist ja naheliegend, dass man vergleicht: Früher konnte ich ... Und jetzt?

Als Kind sagte man stolz: „Ich kann schon allein meine Schuhe binden!" – „Ich kann schon ohne Stützräder Fahrrad fahren." Gut, wenn aus dem Schon dann ein Noch wird. Etwa: „Ich kann noch etwas im Haushalt tun." – „Ich kann noch mit dem Rollator (welch gute Erfindung!) einkaufen gehen." – „Ich kann mich noch selbst anziehen."

Mir fällt auf, dass Menschen im Seniorenheim mit zunehmender Einschränkung besonders dankbar für all die kleinen Dinge sind, die sie noch selbst wahrnehmen können. Im besten Fall erzählen sie den Besuchern auch dankbar von aller Hilfe, die sie von Menschen erhalten, die ihnen zugewandt sind. Und wer das Versprechen aus Jesaja 46,4 ernst nimmt, hat allen Grund, hoffnungsvoll und dankbar zu sein. Dort steht:

Ich will euer ganzes Leben lang euer Gott sein –
ich werde euch tragen, bis euer Haar vom Alter ergraut.
Ich habe es getan und ich werde euch weiterhin tragen.

Übersetzung: „Neues Leben. Die Bibel"

Und was ist mit erlebten Enttäuschungen und Verletzungen? Solche Erlebnisse können dankbares Zurückblicken bremsen. Es ändert sich aber, wenn wir alles vor Gott ausbreiten (vielleicht mit seelsorgerlicher Hilfe) und zum Vergeben bereit werden.

Im Alter von 94 Jahren sagte die ehemalige Königin Juliane der Niederlande: „Jede Lebensperiode kann schöner sein als die vorige. Wenn man nur die Augen öffnet für das Licht des Lebensabends."

Also Augen auf beim Älterwerden!

Dankbarkeit praktisch

Meine persönliche „Tagesschau“

Nach allen Eindrücken vom Tag, den unterschiedlichen Berichten in den Medien und den erledigten Aufgaben möchte man gern zur Ruhe kommen und schlafen. Aber es gelingt oft nicht so bald. Die Gedanken kreisen weiter. Kennen Sie das auch? Ich bin dann oft wieder ganz munter. Fragen tauchen auf: Was habe ich morgen noch zu erledigen? Was in der Woche? Manches türmt sich sogar wie ein Berg vor mir auf und ich denke: Wie wird das alles werden?

Zugegeben: Nach einem guten nächtlichen Schlaf sieht vieles – manchmal sogar alles – anders aus. Ist das nur ein Problem bei den sogenannten Nachteulen? Ich höre immer wieder, dass es nicht wenigen so oder ähnlich ergeht.

Seit einigen Jahren habe ich entdeckt, was mir hilft und mich entspannt. Ich nenne es meine persönliche „Tagesschau“.

Meine Gedanken gehen den vergangenen Tag durch, vom Morgen bis zum Abend. Ich frage mich: Wie war das heute? Wofür kann ich danken? (Unangenehmes drängt sich ohnehin von selbst auf.) Beim Danken heißt es erst einmal innehalten und nachdenken. Und siehe da: Vieles taucht im Gedächtnis auf. Da sind zunächst einmal die auffälligen Erlebnisse. Klar, die vergisst man nicht so leicht. Aber die kleinen Dinge gehen fast unter. Ich muss sie vielleicht erst suchen und mir klar vor Augen führen. Etwa den freundlichen Gruß der Nachbarin, das Lächeln der Verkäuferin, das Vögelchen am Fenster ... Was mag es wohl bei Ihnen sein? Dankbare Gedanken tun gut und entspannen.

Und wie befreiend ist es, wenn Schuld und Versäumnisse bewusst werden, Jesus um Vergebung bitten zu können.

Aber wie ist es mit den Sorgen im Blick auf die Zukunft? Wie oft schon ist mir dabei die Zeile eines Liedes von Paul Gerhardt in den Sinn gekommen:

Der Wolken, Luft und Winden
gibt Wege, Lauf und Bahn,
der wird auch Wege finden,
da dein Fuß gehen kann.

Wie gut haben wir es als Gottes Kinder, seine Güte und Fürsorge täglich zu erfahren.

Und wie ist es mit der Sorge um Angehörige und Kranke? Nach einem Dankgebet für alle Durchhilfe und die vielen schönen kleinen Dinge darf ich auch Sorgenkinder Gott in der Fürbitte anvertrauen.

So sage ich dankbar mit Psalm 4,9:

Ich liege und schlafe ganz mit Frieden;
denn allein, du, HERR, hilfst mir,
dass ich sicher wohne.

Übrigens: Auch Therapeuten empfehlen manchmal ihren Patienten, abends möglichst mindestens fünf Gründe zum Danken zu finden. Ein gutes Rezept.

Im grauen Alltag

Eine Wahrheit, die sich in all den Jahren bestätigt hat, habe ich einmal in einem Gedicht niedergeschrieben:

Im grauen Alltag, den das Leben bringt,
wo man um Hilfe und Gelingen ringt,
zur Pflichterfüllung am gewies'nen Ort,
im Suchen nach dem angebrachten Wort –
da brauch ich dich.

Wenn nach der Arbeit Stille mich umfängt,
nicht Hast und Sorge die Gedanken drängt,
auf weiter Flur ein Hauch des Friedens liegt
und sanfte Ruh das Lärmen überwiegt –
dann such ich dich.

Wenn auch in mir der laute Ton vergeht,
wenn Sinn und Seele zur Verfügung steht,
und alles dir, dem treuen Rater, sagt
und im Gebet nach deinem Willen fragt –
dann find ich dich.

Freudenkasse – Dankekasse

Es war während einer Frauenfreizeit in Tirol. Am letzten Abend kam eine der ältesten Teilnehmerinnen (eine Diakonisse) mit einer Handvoll Kleingeld auf mich zu. „Darf ich Ihnen die Schillinge geben? Ich kann zu Hause damit nichts anfangen. Sie haben doch sicher auch eine Freudenkasse", sagte sie. Nein, die hatte ich bis dahin noch nicht – aber danach.

Was für eine gute Idee, eine Kasse zu haben, mit deren Inhalt man anderen Freude bereiten kann, die aber auch ab und zu „Zuwachs" nötig hat (zum Beispiel vom Geburtstags- oder Urlaubsrestgeld).

Diese liebe Diakonisse hatte noch andere gute Ideen, um Freude zu machen. Als sie an einer Freizeit im Frühjahr teilnahm, hatte sie für jede der 40 Frauen ein kleines selbst gestricktes Lämmchen mitgebracht. Und ich bekam einmal vor Weihnachten von ihr ein Päckchen mit 30 selbst gemachten Kerzen.

Von der Idee einer Dankekasse habe ich in Ostfriesland erfahren, und zwar bei einem Besuch des zuständigen Pfarrers für den Campingplatz in Dornumersiel. Als die anwesende Oma der Familie von unserem Einsatz hörte und dass wir auch auf Baltrum die Strandmission durchführten, war sie hocherfreut, zumal sie dort mit ihrem verstorbenen Mann, dem früheren Inselpfarrer, tätig gewesen war.

Am Ende des Austauschs holte sie eine leere Nivea-Dose mit einem Schlitz im Deckel und stellte sie als ihre „Dankekasse" vor. Schmunzelnd fügte sie hinzu: „Bei kleinen Freuden kommen fünfzig Pfennige rein, bei großen auch mal ein Fünf-Mark-Stück."

Beim Abschied bekam ich als Gruß für das Team noch ein Glas selbst gemachtes Gelee.

Einige Jahre später erfuhr ich, dass der Pfarrer seinen Ruhestand nur fünf Kilometer von unserem Einsatzort in Bensersiel entfernt verbrachte. So fuhr ich beim Einkaufen einmal hin, um die alte Dame – inzwischen weit über achtzig – noch einmal zu sehen.

Beim Öffnen der Haustür empfing mich die Frau des Pfarrers in schwarzer Kleidung. Sie bat mich herein und berichtete, dass die Oma kürzlich verstorben sei. „Aber die Dankekasse hat sie bis zum Ende beibehalten“, fügte sie etwas wehmütig hinzu. „Nun haben wir erfahren, dass Ihrem Team vor einigen Wochen das Klapprad auf dem Campingplatz gestohlen worden ist. Es sind 101 Mark in der Kasse. Ob Sie dafür wohl ein gebrauchtes Rad bekommen? Es ist ganz sicher im Sinn meiner Mutter, wenn ich Ihnen das Geld mitgebe.“

So kamen wir bald wieder zu einem Klapprad, das uns in Bensersiel gute Dienste tat. Ich war tief bewegt von dieser Anteilnahme, und die jungen Mitarbeiter im Team waren sehr beeindruckt von dieser Erfahrung.

Trost in Traurigkeit

Aus Bedrückung zum Danken

Rückschau halten kann bedrängen, wenn uns bewusst wird, was in unserem Leben unvollkommen war und wo wir versagt haben. Aber es ist dann ungemein tröstlich, sich auf Gottes Zusagen verlassen zu können.

So erging es mir an einem Abend vor dem Einschlafen. Erinnerungen kamen in mir hoch, die mich belasteten. In der Nacht wurde ich plötzlich wach. In mir klangen die Melodie und die Worte eines Liedes, als wären sie mir ins Ohr gesungen:

Sein Kreuz bedeckt meine Schuld,
sein Blut macht hell mich und rein.
Mein Wille gehört meinem Gott;
ich traue auf Jesus allein.

Dora Rappard

Ich war hellwach und konnte nur von Herzen sagen: „Danke, lieber Herr, dass es so ist."

Das größte Geschenk ist die Vergebung durch Jesus. Das schenkt unserem Herzen den Frieden, „der höher ist als alle Vernunft" (Philipper 4,7). Und damit konnte ich bald wieder einschlafen.

Vom Erinnern zum Danken

Auch positive Erinnerungen können uns beim Zurückblicken stark bewegen. Ich entsinne mich an eine Autofahrt zu einer Schulung für Mitarbeiter. Ich hatte bei der langen Reise viel Zeit, meine Gedanken weit in die Vergangenheit schweifen zu lassen. Mir wurde bewusst, wie freundlich Gott in all den Jahrzehnten zu mir gewesen war, seit ich ihm mein Leben als Jugendliche anvertraut hatte. Seine unbegreifliche Liebe und Güte wurde mir so klar wie nie zuvor. Mir kamen die Tränen. Ich empfand tiefe Dankbarkeit und war bereit, mich Gott ganz neu zur Verfügung zu stellen.

„Deine Güte ist groß gegen mich." So beschreibt es David in Psalm 86,13. Wer solche Einsicht in Gottes Güte gewinnt und dabei gesegnet wird, gibt diese Erfahrung gerne weiter.

Viele Jahre sind seit jener Autofahrt vergangen. Gott hat mein Vertrauen nicht enttäuscht. Ich blicke heute dankbar auf diese Zeit zurück. So schließe ich meine Danke-Geschichten mit Worten, die ich genauso empfinde, wie Patricia St. John sie formuliert hat:

> *Wenn wir von uns selbst wegsehen und auf die Hände blicken, die uns gehalten und aufgehoben haben und durch die Jahre hindurch führten, dann sehen wir nichts als eine Spur unverdienter Gnade und unfehlbarer vergebender Liebe.**

Da kann ich nur noch Danke sagen.

---

* aus: „Die Autobiografie – Das Leben der Autorin von ‚Spuren im Schnee'", © 2015 Fontis – Brunnen Basel, Abdruck mit freundlicher Genehmigung

Burkhard Meißner

Da schau her

52 Bildandachten

Hardcover mit Lesebändchen
14 x 21 cm
112 Seiten
Durchgehend 4-farbig
9,95 €
ISBN 978-3-95568-084-8

Bilder sprechen uns anders an als Worte, unmittelbarer. Bild und Text vereint erzielen jedoch eine besondere Wirkung. So prägt sich die Botschaft leichter und tiefer ein und geht mit durch die Woche. Bei den Andachten handelt es sich nicht um Bildbetrachtungen. Die Fotos sind vielmehr Ausgangspunkte für originelle Gedankenimpulse und veranschaulichen sie. Zugrunde liegen die „Gedanken zum Titelbild" der Bibellese-Zeitschrift *Orientierung*.

Eine gelungene Kombination wunderbarer Fotos mit erstaunlichen Informationen aus Natur und Technik. Dazu ansprechende, alltagstaugliche geistliche Gedanken. Kurz: eine anregende Lektüre – für zwischendurch und die Stille Zeit. Einfach toll!
Bianca Bellmann